cz
w oryginale
wielkie
powieści

Czytamy w oryginale

Jane Austen
Sense and Sensibility
Rozważna i romantyczna

Autor adaptacji:
Anna Paluchowska

Tłumaczenie adaptacji na język polski:
Redakcja

Projekt graficzny i ilustracje: Małgorzata Flis

Skład: Marek Szwarnóg

wydawnictwo 44.pl

Global Metro Sp. z o.o.
ul. Juliusza Lea 231
30-133 Kraków

ISBN: 978-83-63035-67-9

czytamy
w oryginale

Jane Austen

Sense and Sensibility
Rozważna i romantyczna

adaptacja w wersji angielsko-polskiej

wydawnictwo
44.pl

I. THE AFFAIRS OF THE FAMILY OF DASHWOOD

The family of Dashwood had long been settled in Norland Park, Sussex. Mr Henry Dashwood lived with his only son, as his wife had passed away. She had had a large fortune, and when she died, she left it all to her son, but with one condition; the money and house would only be passed on to her son once her husband had died as well. After several years, Mr Henry Dashwood married again and had three daughters. His new lady had no money at all and he understood, that to his daughters he would not be

I. SPRAWY RODZINY DASHWOOD

Rodzina Dashwood od dawna osiadła w Norland Park w Sussex. Pan Henry Dashwood mieszkał ze swym jedynakiem, gdyż jego żona zmarła. Miała wielki majątek, a kiedy odeszła, w całości pozostawiła go synowi, jednak pod jednym warunkiem: pieniądze i dom przejdą na syna, gdy jej mąż również umrze. Po kilku latach pan Henry Dashwood ożenił się ponownie i miał trzy córki. Jego nowa żona nie posiadała żadnych pieniędzy, a on pojął, że po śmierci niewiele będzie

able to leave much on his death. Elinor, Marianne and Margaret would only get what Mr Dashwood would manage to save during his lifetime as he could give them nothing from his first wife's fortune. But Mr Dashwood was a cheerful man and hoped to live many years, and by living economically he would be able to save enough money so that his three daughters would have reasonable incomes. Also, he hoped his eldest son would help his half sisters if such help was needed.

When his eldest daughter, Elinor, was only nineteen, Mr. Henry Dashwood suddenly became very ill and died within two months, leaving to his widow and daughters only ten thousand pounds. His son was sent for as soon as the danger was known, and Mr Dashwood's last words were to ask him to help his stepmother and sisters.

The son, Mr John Dashwood was not a bad person, unless to be rather selfish and rather cold-hearted is to be bad. In fact, had he married a nicer woman, he might have been made a nice person himself. Unfortunately Fanny Ferrars, who he married, was even more narrow-minded and selfish than he. Consequently, during their marriage, her husband, who was very fond of her, had been made a strong caricature of his earlier self.

When his father was dying, Mr John Dashwood promised to do 'everything in his power' to make his stepmother and sisters comfortable. After his father's death he had to consider how much 'everything' really was.

mógł zostawić córkom. Elinor, Marianne i Margaret dostaną tylko tyle, ile pan Dashwood zdoła zaoszczędzić za życia, jako że nie mógł im dać nic z majątku pierwszej żony. Jednak pan Dashwood był wesołym człowiekiem i miał nadzieję żyć wiele lat, a żyjąc oszczędnie, zdoła zapewne zaoszczędzić dość pieniędzy, by jego trzy córki miały umiarkowane dochody. Miał również nadzieję, że najstarszy syn pomoże przyrodnim siostrom, jeśli taka pomoc będzie potrzebna.

Kiedy jego najstarsza córka miała zaledwie dziewiętnaście lat, pan Henry Dashwood nagle zachorował i zmarł po dwóch miesiącach, zostawiając wdowie i córkom zaledwie dziesięć tysięcy funtów. Gdy tylko zdano sobie sprawę z niebezpieczeństwa, posłano po syna, a w ostatnich słowach pan Dashwood poprosił go, by pomógł macosze i siostrom.

Syn, pan John Dashwood, nie był złym człowiekiem, chyba że fakt bycia osobą raczej egoistyczną i o raczej zimnym sercu uzna się za bycie złym. Prawdę mówiąc, gdyby poślubił milszą kobietę, sam byłby milszą osobą. Niestety, Fanny Ferrars, z którą się ożenił, była jeszcze bardziej ograniczona i samolubna od niego. W rezultacie w trakcie małżeństwa mąż, który bardzo ją kochał, stał się ogromną karykaturą własnej wcześniejszej osobowości.

Kiedy jego ojciec umierał, pan John Dashwood obiecał uczynić „wszystko, co w jego mocy", by macocha i siostry żyły dostatnio. Po śmierci ojca musiał rozważyć, ile właściwie znaczy „wszystko".

At first, he thought he could give them a thousand pounds each.

'Yes, I could spare the sum very easily,' he thought to himself.

But his wife did not see it in the same light. To take three thousand pounds from the fortune of their dear little son would be making him almost poor! How could he rob his child of so large a sum? And then give it to his HALF-sisters!

'It was my last promise to my father, my dear Fanny,' her husband replied. 'He begged me to do something for my sisters and their mother after his death.'

'Well, then let something be done for them, but that something need not be three thousand pounds!'

'I would not like them to think mean of me, you know...' added Mr Dashwood.

'There's no knowing what they might expect, but the real question is what you can afford!' said the lady. 'To my mind, they need no more money. They may live very comfortably on the ten thousand pounds they have been left.'

'That is true!' Mr Dashwood brightened up. 'Perhaps then, it would be better to do something for their mother while she lives. A hundred pounds a year would make them very comfortable.'

'Undoubtedly,' answered the lady, 'but if Mrs Dashwood lives another fifteen years, we shall be ruined!'

'Fifteen years! But my dear Fanny!' exclaimed Mr Dashwood in horror.

Początkowo uznał, że może dać tysiąc funtów każdej z nich.

„Tak, z łatwością mógłbym dać tę sumę", pomyślał sobie.

Jednak jego żona nie widziała tego w tym samym świetle. Zabranie trzech tysięcy funtów z majątku ich drogiego synka oznaczałoby niemal uczynienie go biedakiem! Jak może ograbić swoje dziecko z tak wielkiej sumy! A potem dać ją PRZYRODNIM siostrom!

– To była ostatnia obietnica złożona ojcu, moja droga Fanny – odparł jej mąż. – Błagał mnie, bym po jego śmierci uczynił coś dla moich sióstr i ich matki.

– Cóż, niech więc coś się dla nich zrobi, lecz niech tym czymś nie będą trzy tysiące funtów!

– Nie chciałbym, żeby uważały mnie za sknerę, wiesz... – dodał pan Dashwood.

– Nie sposób wiedzieć, czego mogą oczekiwać, lecz prawdziwą kwestią jest, na co cię stać! – stwierdziła żona. – Według mnie nie potrzebują więcej pieniędzy. Mogą wygodnie żyć z tymi dziesięcioma tysiącami funtów, jakie dostały w spadku.

– To prawda! – poweselał pan Dashwood. – Może zatem lepiej będzie uczynić coś dla ich matki, póki żyje. Sto funtów rocznie sprawi, że będą bardzo dostatnio żyć.

– Bez wątpienia – odparła żona – lecz jeśli pani Dashwood będzie żyć następne piętnaście lat, będziemy zrujnowani!

– Piętnaście lat! Ależ moja droga Fanny! – wykrzyknął pan Dashwood z przerażeniem.

'Well, my experience is that people seem to live forever if there is money to be paid them,' said Mrs Dashwood calmly.

'Perhaps then,' said Mr Dashwood after a moment's thought. 'I should just help them from time to time, occasionally, whenever we can afford it.'

'Precisely, my dear,' said the lady with satisfaction. 'In fact, I think they may live so comfortably on their own money that they will be much more able to help you than you can them!'

And thus it was agreed between them that it would be absolutely unnecessary if not highly improper to

– Cóż, doświadczenie podpowiada mi, iż ludzie zdają się żyć w nieskończoność, jeśli trzeba im płacić – odparła spokojnie pani Dashwood.

– Może zatem – powiedział pan Dashwood po chwili zastanowienia – powinienem im pomagać od czasu do czasu, okazjonalnie, kiedy będzie nas na to stać.

– Właśnie tak, mój drogi – powiedziała żona z zadowoleniem. – W istocie sądzę, że mogą żyć tak dostatnio przy własnych zasobach, że będą mogły znacznie bardziej pomagać tobie, niż tym im!

Tak więc we dwoje doszli do wniosku, że jest całkowicie zbędne, jeśli nie wysoce niewłaściwe,

do anything for the Miss Dashwoods or their mother.

Soon after Mr Henry Dashwood's funeral, Fanny Dashwood arrived at Norland Park with her servants and made herself the mistress of the house, reducing Mrs Henry Dashwood and her daughters to the status of her guests. Of course, she had the right to come, the house was now her husband's, but it was a most unkind behaviour to the four ladies who still needed peace after the death of their dear husband and father.

Mrs Henry Dashwood, the widow, who felt everything in double strength whether it was joy or offence, wanted to leave the house as soon as she could. She immediately started to look for a new house for her and her daughters, inexpensive enough for her to afford it. The task was not easy though, and in the meantime the ladies had to stay in Norland Park, and put up with Fanny Dashwood.

It was a little easier when Mr Edward Ferrars, Fanny's brother, came to visit them. Edward was totally unlike his sister. He was a gentlemanly young man, kind-hearted and sensible, even if not very handsome. Mrs Henry Dashwood soon noticed that he showed much interest in her eldest daughter, Elinor, and that Elinor was beginning to fall in love with him too.

'In a few months, my dear Marianne,' she said to her younger daughter, who had just turned seventeen, 'Elinor will be happily married to Edward Ferrars.'

uczynienie czegokolwiek dla panien Dashwood czy ich matki.

Wkrótce po pogrzebie pana Henry'ego Dashwooda Fanny Dashwood przybyła do Norland Park ze swoją służbą i objęła go w posiadanie, sprowadzając wdowę po Henrym Dashwoodzie i jej córki do statusu swoich gości. Miała oczywiście prawo przyjechać, dom należał teraz do jej męża, lecz było to bardzo niegrzeczne zachowanie w stosunku do czterech pań, które nadal potrzebowały spokoju po śmieci drogiego męża i ojca.

Wdowa po Henrym Dashwoodzie, która wszystko przeżywała ze zdwojoną siłą, czy była to radość, czy uraza, chciała opuścić Norland Park najszybciej, jak mogła. Natychmiast zaczęła szukać nowego domu dla siebie i córek, na tyle niedrogiego, by mogła sobie na niego pozwolić. Nie było to jednak łatwe zadanie, a tymczasem panie musiały pozostać w Norland Park i znosić Fanny Dashwood.

Było to trochę łatwiejsze, kiedy przyjeżdżał w odwiedziny pan Edward Ferrars, brat Fanny. Edward był całkiem niepodobny do siostry. Był kulturalnym młodym mężczyzną, życzliwym i rozsądnym, chociaż niezbyt przystojnym. Wdowa Dashwood niebawem zauważyła, że okazuje on wielkie zainteresowanie jej najstarszej córce, Elinor, i że Elinor również zaczyna się w nim zakochiwać.

– Za kilka miesięcy, moja droga Marianne – powiedziała do najmłodszej córki, która właśnie skończyła siedemnaście lat – Elinor będzie szczęśliwą żoną Edwarda Ferrarsa.

'But you do not look happy, my love!' she added as she saw Marianne's expression. 'Don't you think him a good choice?'

'Edward is ... ' said Marianne with hesitation. 'the most kind-hearted person in the world...but he has not the spirit which a young man ought to have. He is not lively enough, doesn't dance or sing well, and is hopeless at reading poetry!

'But, mama!' she exclaimed after a moment. 'The more I know of the world, the more I am sure that I shall never find a man who I can really love! I want so much!'

Such were the strong feelings of the mother and daughter, who were very like each other in the fact that they knew no limits in either their happiness or despair. Elinor, however, did not share this characteristic. She was made very unhappy by her father's death and her sister-in-law's unkindness, but she could bear it, and try to make the best of every situation. On the other hand she could not be too enthusiastic about the prospect of marrying Edward Ferrars. Even though she saw his feelings for her, she knew not whether they were for love or friendship. Besides, she understood that there were other things and people to consider. Fanny and Fanny's mother, Mrs Ferrars, would not be happy to see their eldest son and brother married to a woman with no money.

And she was right. As soon as Fanny Dashwood noticed the interest that her brother showed in the eldest Miss Dashwood, she became even more

– Lecz ty nie wyglądasz na szczęśliwą, kochanie! – dodała, kiedy zobaczyła minę Marianne. – Nie uważasz go za dobrego kandydata?

– Edward jest... – powiedziała Marianne z wahaniem – najmilszym człowiekiem na świecie... lecz brak mu ducha, jaki powinien posiadać młody mężczyzna. Nie jest wystarczająco pełen życia, nie tańczy ani nie śpiewa dobrze i beznadziejnie czyta poezję! Ach, mamo! – wykrzyknęła po chwili. – Im więcej wiem o świecie, tym większą mam pewność, że nigdy nie znajdę mężczyzny, którego naprawdę pokocham! Tak wiele chcę!

Tak silne były uczucia matki i córki, które były bardzo do siebie podobne w tym względzie, że ich szczęście i rozpacz nie znały granic. Jednakże Elinor nie podzielała tej cechy. Śmierć ojca i nieżyczliwość szwagierki bardzo ją unieszczęśliwiły, potrafiła jednak znieść to i starała się znaleźć dobrą stronę w każdej sytuacji. Nie potrafiła z kolei ze zbytnim entuzjazmem podchodzić do perspektywy poślubienia Edwarda Ferrarsa. Chociaż dostrzegała jego uczucia do niej, nie wiedziała, czy to miłość czy przyjaźń. Poza tym zdawała sobie sprawę, iż należy wziąć pod uwagę inne sprawy i ludzi. Fanny oraz matka Fanny, pani Ferrars, nie byłyby zadowolone, widząc, że jej najstarszy syn i brat żeni się z kobietą bez majątku.

I miała rację. Gdy tylko Fanny Dashwood zauważyła zainteresowanie, jakie brat okazuje najstarszej pannie Dashwood, stała się jeszcze bardziej

impolite to her guests. One morning, she mentioned quite directly how her brother shall be pro-
tected from any young girls who tried to marry him.
Mrs Henry Dashwood could bear it no longer, and
replied that she and her daughters were moving out
of Norland the next day as that very morning she
had received a letter which would make it possible.

nieuprzejma względem gości. Pewnego poranka całkiem wprost wspomniała o tym, że jej brat będzie chroniony przed wszelkimi młodymi dziewczętami, które będą próbowały wyjść za niego za mąż. Wdowa Dashwood nie mogła tego dłużej znieść i odparła, że ona i jej córki wyprowadzają się z Norland Park następnego dnia, a tego samego dnia otrzymała list, który to umożliwiał.

II. IN DEVONSHIRE

The letter was from Mrs Dashwood's cousin, Sir John Middleton from Devonshire. It was a very friendly offer of a small cottage to rent in the closest neighbourhood of the Middletons' own residence, Barton Park. Barton Cottage was its name, and it was there Mrs Dashwood decided to move.

Barton Cottage turned out to be situated among very pretty hills. It was small but comfortable, and had a large garden round it. It needed some small changes perhaps, but on the whole, all the ladies

II. W DEVONSHIRE

List był od kuzyna pani Dashwood, sir Johna Middletona z Devonshire. Była to bardzo przyjacielska oferta wynajęcia małego domku w najbliższym sąsiedztwie własnej rezydencji Middletonów, Barton Park. Domek nazywał się Barton Cottage i tam pani Dashwood postanowiła się przeprowadzić.

Okazało się, że Barton Cottage jest usytuowany wśród bardzo ładnych wzgórz. Był mały lecz wygodny, a wokół niego rozciągał się duży ogród. Może dom potrzebował drobnych napraw, lecz na ogół wszystkie panie

were very pleased with their new home. The neighbours, too, appeared to be even more friendly than they expected. They soon met the whole party when they dined at Barton Park two days after their arrival.

Sir John Middleton was a good-looking man about forty. He was friendly and good-humoured, and determined to do anything in his power to make his cousins comfortable. His wife, Lady Middleton, was certainly very elegant and polite, but reserved and rather cold.

In the evening, Marianne Dashwood was discovered to be musical and was asked to play the piano. Sir John was loud in his admiration of her every song, and as loud in his conversation with others while every song lasted. Lady Middleton wondered how anybody could not pay their full attention to the music, and then asked Marianne to play a particular song which Marianne had just finished. Only Colonel Brandon, Sir John's friend and neighbour, listened to her with attention, and Marianne respected him for it.

The only person who noticed this attention was Lady Middleton's mother, Mrs Jennings, an elderly lady, who talked a great deal, seemed very happy and rather vulgar. She was full of jokes on the subject of lovers, and soon announced that Colonel Brandon was very much in love with Marianne Dashwood. Marianne found the accusation absurd as Colonel Brandon was on the wrong side of thirty-five,

były bardzo zadowolone z nowej siedziby. Sąsiedzi również sprawiali wrażenie nawet bardziej przyjaznych, niż się spodziewały. Wkrótce poznały całe towarzystwo, kiedy dwa dni po przyjeździe jadły obiad w Barton Park.

Sir John Middleton był przystojnym, około czterdziestoletnim mężczyzną. Był przyjacielski i dobroduszny, i zdecydowany uczynić wszystko w swej mocy, by jego kuzynki dobrze się czuły. Jego żona, lady Middleton, z pewnością była bardzo elegancka i uprzejma, lecz powściągliwa i dość chłodna.

Wieczorem odkryto, że Marianne Dashwood jest uzdolniona muzycznie, więc poproszono ją, żeby zagrała na fortepianie. Sir John głośno wyrażał podziw przy każdej wykonywanej przez nią pieśni i równie głośno rozmawiał z innymi, kiedy pieśń trwała. Lady Middleton zastanawiała się, jak ktokolwiek mógł nie skupiać w pełni uwagi na muzyce, po czym poprosiła Marianne, by zagrała pewną pieśń, którą Marianne właśnie skończyła. Tylko pułkownik Brandon, przyjaciel i sąsiad sir Johna, słuchał jej z uwagą, a Marianne poczuła do niego za to szacunek.

Jedyną osobą, która zauważyła tę uwagę, była matka lady Middleton, pani Jennings, starsza dama, która dużo mówiła, robiła wrażenie bardzo szczęśliwej i raczej nieokrzesanej. Sypała żartami na temat kochanków i wkrótce oznajmiła, że pułkownik Brandon jest bardzo zakochany w Marianne Dashwood. Marianne uznała oskarżenie za absurdalne, gdyż pułkownik Brandon dawno już skończył trzydzieści pięć lat,

and even though not without charm, was not Marianne's type in the least.

When the Miss Dashwoods talked about it with their mother when finally back home, Marianne exclaimed: 'But mama! He is old enough to be my father! To be in love at his age! He was wearing a flannel waistcoat and has surely got rheumatism!'

Mrs Dashwood could not think a man five years younger than herself so very ancient, and Elinor only said laughing:

'Perhaps thirty-five and seventeen should have nothing to do with marriage together!'

The countryside around Barton Cottage was so pretty that it invited the ladies for walks in all weather. One day, however, a particularly windy day, the youngest Miss Dashwoods, Marianne and Margaret, found it impossible to persuade their elder sister to join them for a walk, and so they went on their own. They pushed their way through the wind for about twenty minutes, and just as they found themselves on the top of the hill behind their house, heavy rain began to fall. Wet through within minutes, they decided to run back home at all possible speed. They set off. But half-way down the hill Marianne fell down with a strong pain in her ankle, while Margaret could not stop herself earlier than at the bottom of the hill.

A gentleman with a gun was passing within a few yards of Marianne when the accident had happened. When he saw that the lady could not raise herself, he ran up to her, took her up in his arms, carried home,

i chociaż nie pozbawiony uroku, w najmniejszym stopniu nie był w typie Marianne.

Gdy panny Dashwood rozmawiały o tym z matką, wróciwszy w końcu do domu, Marianne wykrzyknęła:

– Ależ, mamo! Jest dość stary, by być moim ojcem! Zakochać się w jego wieku! Nosi flanelową kamizelkę i z pewnością ma reumatyzm!

Pani Daswood nie mogła uznać mężczyzny pięć lat młodszego od siebie za tak bardzo starego, a Elinor powiedziała tylko ze śmiechem:

– Może trzydzieści pięć i siedemnaście nie powinny zabierać się do małżeństwa!

Okolica wokół Barton Cottage była tak ładna, że zachęcała panie do spacerów przy każdej pogodzie. Jednak pewnego dnia, w szczególnie wietrzny dzień, najmłodsze panny Dashwood, Marianne i Margaret, nie zdołały przekonać starszej siostry, by dołączyła do nich na przechadzce, toteż poszły same. Przez około dwadzieścia minut szły z trudem pod wiatr, a właśnie kiedy znalazły się na szczycie wzgórza za swym domem, zaczął padać rzęsisty deszcz. Przemoknięte do suchej nitki w ciągu kilku minut, postanowiły pobiec z powrotem do domu najszybciej, jak to możliwe. Ruszyły. Jednak w połowie drogi w dół wzgórza Marianne upadła, czując silny ból w kostce, podczas gdy Margaret zdołała się zatrzymać dopiero u stóp pagórka.

W odległości kilku jardów od Marianne przechodził jakiś gentleman ze strzelbą, gdy wydarzył się wypadek. Kiedy ujrzał, że dama nie może się podnieść, podbiegł do niej, wziął ją na ręce, zaniósł do domu

and seated her on a chair in the dining room. Elinor
and Mrs Dashwood had been standing speechless,
staring at the strikingly handsome young man, who
soon introduced himself as Mr Willoughby of Allenham, and begged to be allowed to come the next day
to ask after Miss Marianne's health.

Sir John visited the Cottage that afternoon, and on
hearing the whole story, exclaimed:

'What? Willoughby is in the country? I shall ask
him for dinner tomorrow!'

'You know him then?' asked Mrs Dashwood.

'Of course, I do. He's a very good kind of fellow! I remember last Christmas, he danced from eight till four in
the morning, and was up again at eight to ride the horses!'

i posadził na krześle w jadalni. Elinor i pani Dashwo- od stały oniemiałe, wpatrując się w nad wyraz przystojnego młodego mężczyznę, który rychło przedstawił się jako pan Willoughy z Allenham, i upraszał by pozwolono mu przyjść następnego dnia i dowiedzieć się o zdrowie panny Marianne.

Tego popołudnia sir John odwiedził Barton Cottage, a usłyszawszy całą historię, wykrzyknął:

– Co? Willoughby jest w kraju? Zaproszę go jutro na obiad!

– Więc pan go zna? – zapytała pani Dashwood.

– Oczywiście, że znam. To bardzo zacny człowiek! Pamiętam, że w ostatnie Boże Narodzenie tańczył od ósmej do czwartej rano, a wstał o ósmej, by pojeździć konno!

'Was he?' exclaimed Marianne with delight. 'That is what I like! That is what a young man ought to be!

'Aye! I see how it will be!' laughed Sir John. 'You'll love him now, and never think of poor Brandon!

'But,' he added, 'He is as good a husband as one can catch, though he hasn't got much at present. But his cousin, an old lady, Mrs Smith at Allenham, will leave him quite a fortune one day.'

Willoughby visited them the next day. He was welcomed with more than politeness, and so of the kindness of the Miss Dashwoods he could have no doubt. Of their personal charms he soon was convinced. Miss Elinor Dashwood had a delicate complexion, a very pretty face and an exceptionally graceful figure. Marianne was even prettier. She was taller than her sister, had dark eyes, which shone beautifully in her pretty face when she talked about something with passion. And it was enough to mention any favourite amusement to engage her in a passionate conversation. Poetry, music, dance, all delighted her. Within an hour Willoughby and Marianne found that their tastes were exactly the same, they liked everything in the same way, and shared the same enthusiasm about everything.

'Well, Marianne,' said Elinor laughing as soon as Willoughby had left. 'For one morning, you've done very well. You've already found out what Mr Willoughby's opinion is on every important subject!'

– Naprawdę? – wykrzyknęła Marianne z zachwytem. – To mi się podoba! Taki powinien być młody mężczyzna!

– Och, widzę, jak to będzie! – zaśmiał się sir John.

– Teraz zakochasz się w nim i nigdy nie pomyślisz o biednym Brandonie!

– Lecz – dodał – będzie najlepszym mężem, jakiego można złapać, chociaż obecnie niewiele posiada. Jednak jego kuzynka, stara dama, pani Smith z Allenham, pewnego dnia zostawi mu niezłą fortunę.

Willoughby odwiedził je następnego dnia. Przywitano go z czymś więcej niż uprzejmością, toteż nie mógł mieć żadnej wątpliwości co do życzliwości panien Dashwood. Wkrótce przekonał się o ich osobistym uroku. Panna Elinor Dashwood miała delikatną cerę, bardzo ładną twarz i wyjątkowo powabną figurę. Marianne była nawet ładniejsza. Była wyższa od siostry, miała ciemne oczy, które błyszczały pięknie w jej ładnej buzi, kiedy mówiła o czymś z pasją. I wystarczało wspomnieć jakąkolwiek ulubioną rozrywkę, by wdała się w namiętną rozmowę. Poezja, muzyka, taniec, wszystko ją zachwycało. W ciągu godziny Willoughby i Marianne odkryli, że mają dokładnie takie same gusta, wszystko podoba się im w taki sam sposób i żywią taki sam entuzjazm do wszystkiego.

– Cóż, Marianne – stwierdziła Elinor ze śmiechem, gdy tylko Willoughby wyszedł. – Jak na jeden poranek całkiem nieźle się spisałaś. Już się dowiedziałaś, jakie pan Willoughby ma zdanie na każdy ważny temat!

'Elinor, is this fair?' asked Marianne. 'Have I got so few ideas? But I know what you mean. I have been too open, too frank! Had I talked only about the weather and the roads, you would not have said such a thing!' Elinor laughed and said she had only been joking.

From that morning, Willoughby visited them every day. He talked to Marianne, played the piano and sang with her. Then they read and discussed their books. When Sir John threw a party they danced together half the time, and when playing cards, he cheated himself and everyone around to let Marianne win. They became a standing joke for Mrs Jennings, who delighted in a match between two such handsome young people. Colonel Brandon was therefore temporarily spared her wit, until one very pleasant morning.

– Elinor, czy to w porządku? – zapytała Marianne. – Czyż mam tak niewiele do powiedzenia? Lecz wiem, co masz na myśli. Byłam zbyt otwarta, zbyt szczera! Gdybym mówiła tylko o pogodzie i drogach, nie powiedziałabyś niczego takiego! – Elinor roześmiała się i odparła, że tylko żartowała.

Od tego poranka Willoughby odwiedzał je codziennie. Rozmawiał z Marianne. Grał na fortepianie i śpiewał z nią. Potem czytali i dyskutowali o swych książkach. Kiedy sir John wydał przyjęcie, przez połowę czasu tańczyli ze sobą, a kiedy grali w karty, on oszukiwał siebie i wszystkich wokół, żeby pozwolić Marianne wygrać. Stali się ustawicznym tematem żartów dla pani Jennings, którą zachwycał związek dwojga takich przystojnych młodych ludzi. Toteż chwilowo oszczędzała pułkownika Brandona do pewnego bardzo miłego poranka.

III. THE VISITORS

It was the morning in which the whole party, including the Miss Dashwoods and Colonel Brandon breakfasted at the Park, and there received
their morning post. There was a letter for Colonel
Brandon. He opened it, read a few lines, got up, and
said quickly:

'I am very sorry to leave such a lovely party, but a
very important business calls me to London. I cannot lose one hour.'

III. GOŚCIE

Był to poranek, gdy całe towarzystwo, włącznie z pannami Dashwood i pułkownikiem Brandonem, jadło śniadanie w Brandon Park i tam otrzymało swą poranną pocztę. Pułkownik Brandon dostał list. Otwarł go, przeczytał kilka linijek, wstał i powiedział szybko:

– Jest mi bardzo przykro porzucać tak cudowne towarzystwo, lecz bardzo ważna sprawa wzywa mnie do Londynu. Nie mogę stracić ani godziny.

And with this he left in a terrible hurry. Everybody wondered what the business could be, and Mrs Jennings especially, as she took the greatest interest in her friends' affairs.

The next day, Willoughby was invited to dine at the Cottage. In the afternoon, Mrs Dashwood with Elinor and Margaret went to visit Lady Middleton, and Marianne decided to stay at home and get the dinner ready. When the ladies returned from their walk, they found Willoughby's carriage outside the house. As they went in, they saw Marianne crying and running upstairs, while Willoughby was standing by the fire, looking very sad.

'Willoughby? What is the matter?' asked Mrs Dashwood.

'I am unable to stay with you for dinner tonight,' Willoughby answered slowly.

'Mrs Smith sends me on a very important business to London.'

'Oh!' exclaimed the ladies.

'But,' said Mrs Dashwood cheerfully, 'it cannot take you very long. When will you be back?'

'I do not expect to be back within twelve months,' said Willoughby.

'Oh, it is useless!' he added passionately. 'I cannot stay any longer here, among such friends, whose company I am not allowed to enjoy.'

With this he left.

Marianne would have thought herself cold-hearted had she been able to sleep a minute that night, or the

I z tymi słowy wyszedł w strasznym pośpiechu. Wszyscy zastanawiali się, jaka to może być sprawa, a szczególnie pani Jennings, gdyż ogromnie ją ciekawiły sprawy przyjaciół.

Następnego dnia Willoughby został zaproszony na obiad do Brandon Cottage. Po południu pani Dashwood z Elinor i Margaret poszły odwiedzić lady Middleton, a Marianne postanowiła zostać w domu i przygotować obiad. Kiedy wróciły ze spaceru, zastały powóz Willoughby'ego przed domem. Wchodząc, ujrzały, jak Marianne z płaczem biegnie na górę, podczas gdy Willoughby stoi przy kominku z bardzo smutną miną.

– Willoughby? Co się dzieje? – zapytała pani Dashwood.

– Nie mogę zostać u pań na obiad dziś wieczorem – odparł powoli Willoughby. – Pani Smith wysyła mnie z bardzo ważną sprawą do Londynu.

– Och! – wykrzyknęły panie.

– Ależ – powiedziała wesoło pani Dashwood – to nie może zająć panu bardzo dużo czasu. Kiedy pan wróci?

– Nie spodziewam się wrócić w ciągu dwunastu miesięcy – odparł Willoughby. – Och, to beznadziejne – dodał z pasją. – Nie mogę tutaj dłużej zostać, wśród przyjaciół, których towarzystwem nie wolno mi się cieszyć.

Z tymi słowy wyszedł.

Marianne uznałaby się za pozbawioną serca, gdyby zdołała przespać choćby minutę tej nocy lub

whole of the following week. She ate nothing, did nothing, felt weak, and cried most of the time, giving pain to all her family, who could not help her in any way.

One day, Elinor managed to persuade her at last to go for a walk. As they were starting to enjoy themselves, Marianne noticed a figure of a gentleman on horseback in the distance.

'It is he! It is he!' she cried and ran towards the figure.

But it was not Willoughby. It was Edward Ferrars, and fortunately for him, as he was at that moment the only person in the world who could have been excused for not being Willoughby. For in Marianne's eyes, he was the equivalent of Willoughby for her elder sister.

Edward was warmly welcomed at the Cottage by Mrs Dashwood and her daughters. He was asked to stay as long as he wished. He stayed for a week, during which time he was so involved in the whole carousel of dances and excursions organised by Sir John, that he had not much time to enjoy the peace of the Cottage and the company of his hosts.

One day, however, they had a free afternoon and were drinking tea in the sitting room. While pouring her the tea, Edward's hand passed so close before Marianne's eyes that she noticed a ring of hair on one of his fingers.

'I have not seen you wearing this ring before, Edward!' she exclaimed. 'Is this your sister's hair? I thought her hair was darker!'

w ciągu całego następnego tygodnia. Nic nie jadła, nic nie robiła, czuła się słaba i płakała przez większość czasu, sprawiając ból całej rodzinie, która w żaden sposób nie mogła jej pomóc.

Pewnego dnia Elinor zdołała w końcu nakłonić ją do pójścia na spacer. Kiedy poczuły się dobrze, Marianne zauważyła w oddali postać gentlemana na koniu.

– To on! To on! – krzyknęła i pobiegła w stronę postaci.

Lecz nie był to Willoughby. Był to Edward Ferrars i na szczęście dla siebie, był w owej chwili jedyną osobą na świecie, której można było wybaczyć, iż nie jest Willoughbym, gdyż w oczach Marianne był odpowiednikiem Willoughby'ehgo dla jej starszej siostry.

Edward spotkał się z ciepłym powitaniem w dworku ze strony pani Dashwood i jej córek. Poproszono go, by został tak długo, jak zechce. Został na tydzień, podczas którego tak wdał się w całą karuzelę tańców i wycieczek organizowaną przez sir Johna, że nie miał zbytnio czasu, by cieszyć się spokojem dworku i towarzystwem swoich gospodyń.

Aczkolwiek jednego dnia mieli wolne popołudnie i pili herbatę w salonie. Kiedy Edward nalewał Marianne herbaty, jego dłoń tak blisko przesunęła się jej przed oczyma, że na jednym z palców zauważyła pierścionek z włosów.

– Nie widziałam, byś wcześniej nosił ten pierścionek, Edwardzie! – wykrzyknęła. – Myślałam, że jej włosy są ciemniejsze!

There was silence for a moment, and at first Edward seemed too embarrassed to answer.

'Yes,' he said at last. 'It is Fanny's hair. It looks different in different light, you know.'

Both Elinor and Marianne were at this moment sure that it was in fact Elinor's hair. The difference between them was that what Marianne thought was a gift from her sister, Elinor knew must have been stolen from her in one way or another, as she had never given her hair to anybody.

Soon after that incident, Edward announced that he must leave them, preferably that very day. He did not know where or on what business, but still go he must.

Na chwilę zapanowało milczenie i początkowo Edward sprawiał wrażenie zbyt zakłopotanego, by odpowiedzieć.

– Tak – powiedział w końcu. – To włosy Fanny. Wiesz, wyglądają różnie w różnym świetle.

Zarówno Elinor jak Marianne były w owej chwili pewne, że w rzeczywistości są to włosy Elinor. Różniły się jednak w tym, że to, co Marianne uważała za dar siostry, Elinor wiedziała, że musiało zostać jej skradzione w ten czy inny sposób, gdyż nigdy nikomu nie dała swoich włosów.

Wkrótce po tym incydencie Edward oznajmił, że musi je opuścić, najlepiej jeszcze tego samego dnia. Nie wiedział, gdzie czy po co, jednak musiał wyjechać.

And he did go, leaving them all to wonder at the speed of his departure.

Elinor especially did not know what to think. She felt very strongly that Edward was in love with her just as much as she was with him, but she also saw that there were some great obstacles to their happiness. Whatever the situation, however, to her sister's greatest amazement, Elinor neither cried nor starved herself on Edward's departure. Quite the opposite, she tried to cheer up the rest of her family.

Sir John tried to cheer them up too. And the best way to do that was, in his opinion, to bring them new visitors. Therefore as soon as Mrs Jennings's distant cousins from Exeter, the Miss Steeles, arrived at the Park to stay for some two or three weeks with Lady Middleton, he lost no time to introduce them to the Miss Dashwoods.

During dinner at Barton Park, Elinor and Marianne had the opportunity to get to know the two young ladies and make up their minds about them. Miss Anne Steele was about thirty with a plain face, and seemed to be able to talk of nothing but admirers. Her younger sister, Lucy, about twenty-three, was much prettier and much cleverer than Anne. They were both poor relations of the Middletons, but were so skilful at pleasing everybody that hardly anybody could see through their tricks and all loved to include them in their party. The Miss Steeles made sure that they admired each of Lady Middleton's dresses, and laughed at all Mrs Jennings's jokes,

I wyjechał, sprawiając, że wszystkie dziwiły się szybkości jego wyjazdu.

Zwłaszcza Elinor nie wiedziała, co myśleć. Była głęboko przekonana, że Edward jest w niej zakochany, tak bardzo, jak ona w nim, lecz widziała również, że istnieją jakieś wielkie przeszkody dla ich szczęścia. Jednak bez względu na sytuację, ku wielkiemu zdziwieniu siostry, Elinor ani nie płakała, ani nie głodziła się po wyjeździe Edwarda. Wprost przeciwnie, starała się rozweselić resztę rodziny.

Sir John także starał się je rozweselić. A najlepszym sposobem ku temu, w jego opinii, było sprowadzenie nowych gości. Toteż gdy tylko przybyły do Barton Park dalekie kuzynki pani Jennings z Exeter, panny Steele, by spędzić dwa bądź trzy tygodnie z lady Middleton, Sir John, nie tracąc czasu, przedstawił je pannom Dashwood.

Podczas obiadu w Barton Park Elinor i Marianne miały okazję poznać dwie młode damy i powziąć o nich opinię. Panna Anne Steele miała około trzydziestu lat, pospolitą twarz, i sprawiała wrażenie, że może mówić jedynie o swych adoratorach. Jej młodsza siostra, Lucy, około dwudziestotrzyletnia, była znacznie ładniejsza i znacznie inteligentniejsza od Anne. Obie były ubogimi krewnymi Middletonów, lecz wykazywały taką zręczność w sprawianiu przyjemności każdemu, że prawie nikt nie dostrzegał ich sztuczek i wszyscy z radością wprowadzali je do swego towarzystwa. Panny Steele nie omieszkały wyrażać podziwu dla sukien lady Middleton i śmiały się ze wszystkich żartów pani Jennings,

and loved beyond anything to play with the spoiled children of anybody of fortune. In short, the Miss Dashwoods saw nothing nice about them, and would have preferred not to be acquainted with them at all. That, however, was not possible. Sir John was determined to make them best friends, and not a day could be spent without them having to visit each other on some purpose.

One day, when they were all walking, Lucy separated Elinor from the rest, and asked her in a whisper:

'I am sure you will think my question a strange one, but do you know Mrs Ferrars?'

Elinor did think the question a very strange one, but said calmly that she had never seen Mrs Ferrars in her life.

'Well, if I dare tell you all...' said Lucy with a coquettish smile. 'I may be one day very intimately known to Mrs Ferrars...'

'Good heavens!' exclaimed Elinor. 'Are you acquainted with Mr Robert Ferrars, Mrs Ferrars's younger son?'

'Mr Robert Ferrars!' exclaimed Lucy in return. 'Oh, no!'

Then she lowered her voice, and looking straight into Elinor's eyes, she said:

'I am engaged to Mr Edward Ferrars, Mrs Ferrars's eldest son and heir.'

a ponad wszystko uwielbiały bawić się z rozpuszczonymi dziećmi zamożnych osób. Krótko mówiąc, panny Dashwood nie dostrzegały w nich nic miłego i wolałyby wcale nie zawierać z nimi znajomości. To jednak okazało się niemożliwe. Sir John był zdecydowany uczynić je najlepszymi przyjaciółkami, toteż nie było dnia, by nie odwiedzały się nawzajem w tym czy owym celu.

Pewnego dnia, kiedy wszyscy spacerowali, Lucy odłączyła się wraz z Elinor od pozostałych i zapytała ją szeptem:

– Jestem pewna, że uzna pani moje pytanie za dziwne, ale czy zna pani panią Ferrars?

Elinor uznała pytanie za bardzo dziwne, lecz powiedziała spokojnie, że nigdy w życiu nie widziała pani Ferrars.

– Cóż, jeśli śmiem wszystko pani powiedzieć... – rzekła Lucy z kokieteryjnym uśmiechem – może pewnego dnia będę bardzo bliską znajomą pani Ferrars.

– Wielkie nieba! – wykrzyknęła Elinor. – Czy zna pani pana Roberta Ferrarsa, młodszego syna pani Ferrars?

– Pana Roberta Ferrarsa! – wykrzyknęła z kolei Lucy. – Och, nie!

Po czym zniżyła głos, i patrząc Elinor prosto w oczy, powiedziała:

– Jestem zaręczona z panem Edwardem Ferrarsem, najstarszym synem i spadkobiercą pani Ferrars.

IV. GREAT DISAPPOINTMENTS

Elinor turned white on hearing such news.
'We have been engaged these four years,'
Lucy added in the same awful whisper. 'I can see
your surprise, but indeed no one apart from Anne
has known anything about it till today. I may depend
on your secrecy, Miss Dashwood, might I not?'

'Of course,' replied Elinor hardly knowing what she
was saying. 'But how did you meet?'

IV. WIELKIE ROZCZAROWANIA

E linor zbladła, słysząc taką wiadomość.

– Jesteśmy zaręczeni już cztery lata – dodała Lucy tym samym strasznym szeptem. – Widzę pani zaskoczenie, lecz w istocie nikt poza Anne nic o tym do dzisiaj nie wiedział. Mogę liczyć na pani dyskrecję, panno Dashwood, prawda?

– Oczywiście – odparła Elinor ledwie wiedząc, co mówi. – Jak się jednak poznaliście?

'Oh, Edward was my uncle's, Mr Pratt's, student
for some years, I am sure you know. It was there
that we got to know each other. But now, we see
each other so rarely.' Lucy added with tears in her
eyes. 'Edward says it breaks his heart!'

Lucy put her handkerchief to her eyes. 'But when he
visited us just before he came to see you, two weeks
ago, I gave him a ring of my hair,' Lucy said with a
proud smile. 'And he said it made him a lot happier.'

Elinor turned even whiter at hearing this information. So it was Lucy's hair on Edward's finger,
and not her own!

Back at home, Elinor went through her conversation with Lucy once again. She was shocked and
could hardly believe the information. She decided
to talk to Lucy again and try to find out how much
truth there was in the news.

She had the opportunity the next day, at an afternoon tea at Lady Middleton's. Marianne was
playing the piano so passionately that Lucy and
Elinor sitting behind it could talk safely without
being overheard.

'Thank you for breaking the ice!' said Lucy as
Elinor seated herself next to her. 'You cannot imagine how much it means to me to be able to talk to
you about my secret.'

'Yes, I understand your situation must be difficult,' said Elinor as calmly as she could.

'Everything depends on Edward's mother,'
said Lucy. 'And I suspect Mrs Ferrars will not be

– Och, przez kilka lat Edward był uczniem mojego wuja, pana Pratta, jak z pewnością pani wie. Tam właśnie się poznaliśmy. Teraz jednak widujemy się tak rzadko. – Lucy dodała ze łzami w oczach: – Edward mówi, że łamie mu to serce! – Lucy podniosła chusteczkę do oczu. – Kiedy jednak nas odwiedził tuż przed przyjazdem tutaj, by panią odwiedzić dwa tygodnie temu, dałam mu pierścionek z moich włosów – powiedziała Lucy z dumnym uśmiechem. – I powiedział, że to go bardzo uszczęśliwiło.

Elinor zbladła jeszcze bardziej, słysząc tę informację. Więc to włosy Lucy znajdowały się na palcu Edwarda, nie jej!

Wróciwszy do domu, Elinor raz jeszcze odtworzyła swoją rozmowę z Lucy. Była zaszokowana i z trudem mogła uwierzyć w tę informację. Postanowiła ponownie porozmawiać z Lucy i starać się dowiedzieć, ile prawdy było w tej wiadomości.

Miała okazję następnego dnia na popołudniowej herbatce u lady Middleton. Marianne grała na fortepianie z taką pasją, że siedzące za nim Lucy i Elinor mogły rozmawiać bezpiecznie, nie będąc słyszane.

– Dziękuję za przełamanie lodów! – powiedziała Lucy, gdy Elinor usiadała obok niej. – Nie może sobie pani wyobrazić, ile dla mnie znaczy móc powiedzieć pani o moim sekrecie.

– Tak, rozumiem, że pani sytuacja musi być trudna – rzekła Elinor tak spokojnie, jak mogła.

– Wszystko zależy od matki Edwarda – powiedziała Lucy. – I podejrzewam, że pani Ferrars nie będzie

happy to find out her eldest son engaged to a pen-
niless girl like myself. That is why we are keeping it
a secret.'

'But how long can you go on like this?' asked
Elinor.

'I do not know,' Lucy answered with a sigh. 'But
I think it would be madness to marry now! What
if Mrs Ferrars disinherits Edward? We would be
poor forever!'

Elinor blushed at these words. So that would be
Edward's future wife's main aim in life – to be
rich! She needed Edward to be rich!

'Edward is going to London in February. So he
says in his letter,' Lucy continued. 'Are you going
to London this winter, Miss Dashwood?'

'Certainly not,' said Elinor, who at that moment
would avoid meeting Edward at all costs.

But Elinor was wrong in her answer to Lucy,
even though she did not know it at the time. Mrs
Jennings had a house in London, and to this house
she decided to go after Christmas. And she invited the two elder Miss Dashwoods to go with her.
Marianne was delighted. Willoughby was in London! And even though she thought Mrs Jennings
the most vulgar woman in the world, she felt she
could put up with her easily if that was all that
was needed to be closer to Willoughby. Mrs Dashwood and Elinor seeing how much Marianne had
set her heart on going could not refuse her. Elinor
decided to go with her, and as she counted on

szczęśliwa, gdy dowie się, że jej najstarszy syn jest zaręczony z dziewczyną bez grosza jak ja. Dlatego utrzymujemy to w tajemnicy.

– Ale jak długo możecie to utrzymywać? – zapytała Elinor.

– Nie wiem – odparła Lucy z westchnieniem. – Jednak uważam, że szaleństwem byłoby teraz się pobrać! A jeśli pani Ferrars wydziedziczy Edwarda? Na zawsze pozostalibyśmy biedni!

Elinor zarumieniła się, słysząc te słowa. A więc to było głównym życiowym celem przyszłej żony Edwarda – być bogatą! Potrzebowała Edwarda, żeby być bogatą!

– Edward w lutym wyjeżdża do Londynu. Tak pisze w swoim liście – mówiła dalej Lucy. – Czy udaje się pani do Londynu tej zimy, panno Dashwood?

– Z pewnością nie – odparła Elinor, która w owej chwili, za wszelką cenę, chciałaby uniknąć spotkania z Edwardem.

Jednak Elinor myliła się, odpowiadając Lucy, chociaż w owym czasie tego nie wiedziała. Pani Jennings posiadała dom w Londynie i tam postanowiła pojechać po Bożym Narodzeniu. Zaprosiła także dwie starsze panny Dashwood, by jej towarzyszyły. Marianne była zachwycona! Willoughby był w Londynie! A chociaż uważała panią Jennings za najbardziej wulgarną kobietę na świecie, czuła, że z łatwością zniesie jej towarzystwo, jeśli tylko tego było trzeba, by znaleźć się bliżej Willoughby'ego. Widząc, jak bardzo Marianne pragnie pojechać, pani Dashwood i Elinor nie mogły jej odmówić. Elinor postanowiła pojechać z nią, a jako że liczyła,

their visit to be over long before Edward's arrival
in London, she felt it was a safe thing to do.

They travelled for three days and when they finally found themselves in Mrs Jennings's comfortable house in Berkeley Street, they dreamt of
nothing but burning fire and an early night. The
next day, Marianne woke up full of expectations
of seeing or hearing from Willoughby. But Willoughby did not come. They only had a visit from
Colonel Brandon.

'Oh Colonel, I am so glad to see you!' exclaimed
Mrs Jennings. 'So how did your mysterious business go? Come, come, let us have no secrets
among friends!'

Colonel Brandon was very polite as usual, and
answered every question of Mrs Jennings without
actually giving her any information on any subject.

During the first week in London, the ladies were
very busy visiting all of Mrs Jennings's friends and
then hosting them in return at Berkeley Street. But
to Marianne's great disappointment, they saw or
heard nothing of Willoughby. Marianne wrote letters
and notes to him but none of them were answered.
Instead, to her horror, Colonel Brandon visited them
everyday. And, to make matters worse, by the end of
the week, the Middletons came to stay at their house
in Conduit Street, and the Miss Dashwoods were
even busier.

One evening, they absolutely had to accom-
pany Lady Middleton at a very important ball.

iż jej wizyta zakończy się na długo przed przyjazdem Edwarda do Londynu, uznała, że będzie to bezpieczne.

Podróżowały trzy dni, a kiedy wreszcie znalazły się w wygodnym domu pani Jennings przy Berkeley Street, nie marzyły o niczym poza płonącym kominkiem i wczesnym położeniu się do łóżka. Następnego dnia Marianne obudziła się pełna oczekiwań, że zobaczy Willoughby'ego lub będzie mieć od niego wieści. Jednak Willoughby nie przyszedł. Odwiedził je tylko pułkownik Brandon.

– Och, pułkowniku, jak miło mi pana widzieć! – wykrzyknęła pani Jennings. – Jak zatem potoczyła się pana tajemnicza sprawa? No, no, nie miejmy tajemnic między przyjaciółmi!

Pułkownik Brandon był jak zwykle bardzo uprzejmy i odpowiedział na każde pytanie pani Jennings, w istocie nie udzielając jej żadnej informacji na żaden temat.

Podczas pierwszego tygodnia w Londynie panie były zajęte odwiedzaniem wszystkich przyjaciół pani Jennings, a potem goszczeniem ich w rewanżu przy Berkeley Street. Lecz ku wielkiemu rozczarowaniu Marianne nie miały żadnych wieści od Willoughby'ego. Marianne pisywała do niego listy i notki, ale na żadne z nich nie otrzymała odpowiedzi. Zamiast tego, ku jej przerażeniu, pułkownik Brandon odwiedzał je codziennie. A sprawy pogorszył jeszcze fakt, że pod koniec tygodnia Middletonowie zatrzymali się w swoim domu przy Conduit Street i panny Dashwood były jeszcze bardziej zajęte.

Pewnego wieczoru nieodwołalnie musiały towarzyszyć lady Middleton na ważnym balu.

As soon as they entered the ballroom, Elinor noticed Willoughby talking passionately to a young lady. He caught Elinor's eye, but only nodded his head with cold politeness, without interrupting his conversation. Elinor was shocked. When Marianne noticed him the next minute and he still did not come, she exclaimed:

'Good God! Willoughby! What is the meaning of this? Won't you come and shake hands with me?'

Then he could not avoid them any more. He left his partner and came up to the two ladies.

'Have you not got my letters?' asked Marianne giving him her hand.

'Yes,' he said coldly, barely touching her fingers. 'I have had this pleasure.'

Gdy tylko weszły do sali balowej, Elinor zauważyła
Willoughby'ego, który czule rozmawiał z jakąś młodą
damą. Napotkał spojrzenie Elinor, lecz tylko skinął głową z chłodną uprzejmością, nie przerywając rozmowy.
Elinor była zszokowana. Kiedy Marianne zauważyła go
chwilę później, a on nadal nie podchodził, wykrzyknęła:

– Dobry Boże! Willoughby! Co to ma znaczyć? Nie
podejdzie pan i nie poda mi ręki?

Wówczas Willoughby nie mógł dłużej ich unikać.
Opuścił swą partnerkę i podszedł do obu pań.

– Czy nie dostał pan moich listów? – zapytała Marianne, podając mu dłoń.

– Dostałem – odparł zimno, ledwie dotykając jej palców. – Miałem tę przyjemność.

Then he turned around and went back to his partner. Soon afterwards they both left the room.

'Elinor!' exclaimed Marianne. 'Take me home! I cannot stay a minute longer!'

Elinor explained to Lady Middleton as best she could that her sister was feeling ill and that it was absolutely necessary to transport her back to Berkeley street. Back at the house, Marianne spent another sleepless night. At dawn, Elinor woke up to see her sister, sitting by the window and writing a letter to Willoughby. The letter was sent, and within two hours, soon after breakfast, Marianne got a reply. It read as follows:

My dear Madam,

I am very unhappy to hear that you felt offended by my behaviour yesterday, though I honestly do not know what impoliteness I committed. In any case, please accept my apologies.

I also learn that while in Devonshire I gave rise to some expectations, which you will understand to be a mistake on your part. I am engaged and hope to be married within a short time. I gladly return all your letters therefore, and send my sincere regards to Mrs and Miss Dashwood.

Yours sincerely,
John Willoughby

Po czym odwrócił się i wrócił do swej partnerki. Wkrótce potem oboje opuścili pokój.

– Elinor! – wykrzyknęła Marianne. – Zabierz mnie do domu! Nie mogę zostać ani chwili dłużej!

Najlepiej jak umiała, Elinor wyjaśniła lady Middleton, że jej siostra źle się czuje i bezwzględnie trzeba ją zawieźć z powrotem na Berkeley Street. Po powrocie do domu Marianne spędziła następną bezsenną noc. O świcie Elinor obudziła się i ujrzała siostrę siedzącą przy oknie i piszącą list do Willoughby'ego. List wysłano, a po dwóch godzinach, tuż po śniadaniu, Marianne otrzymała odpowiedź. Brzmiała następująco:

Szanowna Pani,

Jestem bardzo nieszczęśliwy, słysząc, iż czuje się Pani obrażona moim wczorajszym zachowaniem, chociaż szczerze mówiąc, nie wiem, jakiej niegrzeczności się dopuściłem. W każdym razie proszę przyjąć moje przeprosiny.

Dowiaduję się również, że podczas pobytu w Devonshire dałem powód do jakichś oczekiwań, które, jak Pani pojmie, są pomyłką z Pani strony. Jestem zaręczony i mam nadzieję ożenić się w krótkim czasie. Z przyjemnością zatem zwracam Pani wszystkie listy i przesyłam szczere wyrazy szacunku dla pani i panny Dashwood.

Szczerze oddany
John Willoughby

Reading these lines tears rose in Elinor's eyes. She could hardly believe such cruelty. After she had re-read the letter ten times, she said:

'Well, at least we know his character now, Marianne. Imagine your disappointment if the engagement had lasted years!'

'Engagement?' cried Marianne. 'There has been no engagement! We were in love!'

Gdy Elinor czytała te linijki, do oczu napłynęły jej łzy. Z trudem mogła uwierzyć w takie okrucieństwo. Przeczytawszy list dziesięć razy, powiedziała:

– Cóż, przynajmniej teraz znamy jego charakter, Marianne. Wyobraź sobie swoje rozczarowanie, gdyby zaręczyny trwały lata!

– Zaręczyny? – krzyknęła Marianne. – Nie było żadnych zaręczyn! Byliśmy zakochani!

V. MORE SHOCKING DISCOVERIES

Mrs Jennings returned home from her morning shopping with a very sad face. She saw Elinor downstairs, and exclaimed:

'How is she, my dear?'

Elinor only shook her head.

'Ah!' said Mrs Jennings sitting down. 'He is going to be married very soon. And the lady, Miss Grey, has got fifty thousand pounds, my dear! And they say he needs it very much too, as he is deep in debts! But, say I, even if this is the case, he has used your sister terribly!

V. DALSZE SZOKUJĄCE ODKRYCIA

Pani Jennings wróciła do domu z porannych zakupów z bardzo smutną miną. Zobaczyła Elinor na dole i wykrzyknęła:

– Jak ona się ma, moja droga?

Elinor tylko potrząsnęła głową.

– Ach! – rzuciła pani Jennings, siadając. – On wkrótce się żeni. A dama, panna Grey, ma pięćdziesiąt tysięcy funtów, moja droga! I mówi się, że on bardzo ich potrzebuje, gdyż tonie w długach! Lecz mówię, że jeśli nawet tak jest, okropnie wykorzystał twoją siostrę!

To act as if you are in love with such a pretty girl, and then fly off because a richer girl is ready to have him!'

'I must say this, Madam. Mr Willoughby was not engaged to my sister.'

'No, my dear!' exclaimed Mrs Jennings. 'Do not try to defend him! I was in Devonshire with you, and I know what I am saying! A good-for-nothing fellow!'

Elinor said no more, and Mrs Jennings thought it better to leave the sisters on their own. In the meantime she would visit the Middletons and communicate the terrible news to them. But as soon as she was gone, Colonel Brandon came in.

'Oh, Miss Dashwood,' he started hesitantly, 'I am glad to see you alone. I have something important to tell you. I ... I .. hope it will help your sister...'

Elinor understood him. 'You have something to tell me about Mr Willoughby. It will be the greatest kindness to Marianne if you could explain his behaviour.'

'I am not sure I can do that, but however... I .., I ...once knew a lady very much like your sister. The same strong feelings, and a great beauty too! She was an orphan and we were brought up together. I cannot remember a time when I did not love Eliza, and when she did not love me! But she had a large fortune, and my father decided she would marry his heir, my elder brother, and not me. We were only seventeen, and we would have run away together,

Zachowywać się, jakby było się zakochanym w tak ładnej dziewczynie, a potem uciec, ponieważ bogatsza dziewczyna jest gotowa go wziąć!

– Muszę to powiedzieć, proszę pani. Pan Willoughby nie był zaręczony z moją siostrą.

– Nie, moja droga! – wykrzyknęła pani Jennings. – Nie próbuj go bronić! Byłam z wami w Devonshire i wiem, co mówię! Nicpoń!

Elinor nic więcej nie powiedziała, a pani Jennings pomyślała, że lepiej będzie zostawić siostry same. Tymczasem odwiedzi Middletonów i zakomunikuje im straszną nowinę. Jednak skoro tylko wyszła, przyszedł pułkownik Brandon.

– Och, panno Dashwood – zaczął z wahaniem. – Cieszę się, że widzę panią samą. Mam pani coś ważnego do powiedzenia. Ja... ja... mam nadzieję, że pomoże to pani siostrze...

Elinor go zrozumiała.

– Ma mi pan coś do powiedzenie o panu Willoughbym. Byłaby to największa przysługa dla Marianne, gdyby mógł pan wyjaśnić jego zachowanie.

– Nie jestem pewny, czy mogę to zrobić, jednakże... ja... ja... niegdyś znałem damę bardzo podobną do pani siostry. Te same silne uczucia, a także wielka uroda! Była sierotą i razem się wychowywaliśmy. Nie mogę przypomnieć sobie czasu, kiedy nie kochałem Elizy i kiedy ona mnie nie kochała! Miała jednak wielki majątek i mój ojciec postanowił, że wyjdzie za mąż za jego spadkobiercę, mojego starszego brata, a nie za mnie. Mieliśmy zaledwie siedemnaście lat i ucieklibyśmy razem,

but they caught us and separated us for the next five years. I was made a soldier and she was made to marry my brother, who did not even love her. My father died soon after their wedding, and after that my brother did not treat her well. Who can wonder that she fell... But he died too, after five years, and all his fortune, then very large, was left to me. I returned home and immediately started to look for Eliza. But... I only found her first lover! How many others there were afterwards I did not even try to count! I found her at last, by accident, in a house for debtors. She was dying of consumption. She lived only two months, and then left her daughter, three years old at the time, to my care. I looked after the little Eliza as best I could. She had a governess and private tutors. A year ago, however, when she was sixteen, I made a terrible mistake. I let her go to Bath under the care of one of her friend's aunt. She disappeared! Nothing had been heard of her until that day at Barton Park when I received a letter from her!'

'Good God!' exclaimed Elinor. 'Could this have been Willoughby?'

'It was him,' said the Colonel sadly. 'I found her in London, nine-months pregnant and with no money at all. Willoughby left her without giving her his address or once writing to her! I moved her back to the country, where she is now safe with her baby.'

Here he stopped, got up, and started to walk about the room.

lecz złapano nas i rozdzielono na następne pięć lat. Mnie uczyniono żołnierzem, a ją zmuszono do poślubienia mojego brata, który nawet jej nie kochał. Mój ojciec zmarł wkrótce po ich ślubie i od tej pory mój brat nie traktował jej dobrze. Kto może się dziwić, że upadła... Lecz on także zmarł, po pięciu latach, i cały jego majątek, wówczas bardzo spory, przypadł mnie. Wróciłem do domu i natychmiast zacząłem szukać Elizy, lecz... Znalazłem tylko jej pierwszego kochanka! Ilu było potem, nawet nie próbowałem policzyć! W końcu ją znalazłem, przypadkiem, w domu dla dłużników. Umierała na suchoty. Żyła tylko dwa miesiące, a potem zostawiła swoją córkę, podówczas trzyletnią, pod moją opieką. Opiekowałem się małą Elizą najlepiej, jak mogłem. Miała guwernantkę i prywatnych nauczycieli. Jednak rok temu, kiedy miała szesnaście lat, popełniłem straszny błąd. Pozwoliłem jej pojechać do Bath pod opieką jednej z ciotek jej przyjaciółki. Zniknęła! Nic o niej nie było wiadomo, aż do owego dnia w Barton Park, kiedy dostałem od niej list!

– Dobry Boże! – wykrzyknęła Elinor. – Czy mógł to być Willoughby?

– To był on – odparł pułkownik ze smutkiem. – Znalazłem ją w Londynie w dziewiątym miesiącu ciąży i całkiem bez pieniędzy. Willoughby zostawił ją, nie dając swojego adresu ani nie pisząc do niej choć raz! Ponownie zawiozłem ją na wieś, gdzie teraz jest bezpieczna ze swoim dzieckiem.

W tym miejscu przerwał i zaczął chodzić po pokoju.

'And have you seen Mr Willoughby since?' Elinor
asked when he seemed calmer.

'Yes, we have met with our pistols – I to punish him,
he to defend himself. But as we are both still alive,
not many people have heard of it.'

'Thank you,' said Elinor shaking his hand as he
was leaving. 'It was most kind of you to tell me
all this. I shall pass it on to my sister as soon as
possible.'

– A czy od tej pory widział pan Willoughby'ego? – zapytała Elinor, kiedy sprawiał wrażenie spokojniejszego.

– Tak, spotkaliśmy się, na pistolety – ja, by go ukarać, on, by się bronić. Lecz skoro obaj żyjemy, niewiele osób o tym słyszało.

– Dziękuję panu – powiedziała Elinor, ściskając mu rękę, kiedy wychodził. – To było bardzo uprzejme z pana strony, że mi pan to wszystko powiedział. Przekażę to siostrze, jak tylko będzie to możliwe.

At first, Marianne could hardly believe any accusation against Willoughby. She was sure that the whole matter was some kind of conspiracy of London against her. However, when she heard Colonel Brandon's story, she had no hope left. She calmed down, and decided to be calmly unhappy for the rest of her life. Her only wish was to go home. They wrote to their mother to ask for advice. Mrs Dashwood, however, on thinking the matter over, decided that it would be better for Marianne to stay among her friends in London than to come back to Barton, where everything would remind her of her happy times with Willoughby. Her other wish was for her daughters to have some contact with their brother, who had just written to her and informed her about his going to London. Mrs Dashwood did not forget his or his wife's unkindness, but still felt it was her duty to make sure that the relationship between all her husband's children was good. And so the Miss Dashwoods would stay another two or three weeks under the roof of Mrs Jennings.

Indeed, Mr John Dashwood soon visited his sisters, mainly on purpose to be introduced to Mrs Jennings, as he understood she was a woman of fortune. He was extremely polite to her. He only waited for the information that Colonel Brandon was equally rich to be just as polite to him. When he was sure of that, he could only congratulate his sisters on being able to move in such good circles.

Początkowo Marianne właściwie nie chciała uwierzyć w żadne oskarżenia pod adresem Willoughby-'ego. Była pewna, że cała sprawa jest jakimś londyńskim spiskiem przeciwko niej. Kiedy jednak usłyszała opowieść pułkownika Brandona, nie została jej już żadna nadzieja. Uspokoiła się i postanowiła być spokojnie nieszczęśliwą przez resztę życia. Pragnęła jedynie wrócić do domu. Napisały do matki, prosząc o radę. Jednak pani Dashwood, przemyślawszy sprawę, doszła do wniosku, że lepiej będzie, jeśli Marianne zostanie wśród przyjaciół w Londynie, niż gdyby miała wróciła do Barton, gdzie wszystko będzie jej przypominać o szczęśliwych czasach z Willoughbym. Poza tym pragnęła, by córki miały jakiś kontakt z bratem, który właśnie napisał do niej i poinformował o swym wyjeździe do Londynu. Pani Dashwood nie zapomniała o jego i jego żony nieżyczliwości, jednak czuła, że jej obowiązkiem jest sprawienie, by relacje między wszystkimi dziećmi jej męża były poprawne. Tak więc panny Dashwood miały zostać przez następne dwa lub trzy tygodnie pod dachem pani Jennings.

Faktycznie, pan John Dashwood wkrótce odwiedził siostry, głównie po to, by zostać przedstawionym pani Jennings, która, jak wiedział, była zamożną kobietą. Był w stosunku do niej niezwykle uprzejmy. Czekał tylko na informację, że pułkownik Brandon jest równie bogaty, by być tak samo uprzejmym w stosunku do niego. Kiedy się upewnił co do tego, mógł jedynie pogratulować siostrom, że mogą się poruszać w tak dobrych kręgach.

Soon the Dashwoods were acquainted with the Middletons, too. Lady Middleton was delighted with Mrs Fanny Dashwood, and Mrs Fanny Dashwood found Lady Middleton 'the most charming woman in the whole of town!' This caused no surprise to either Elinor nor Marianne.

But there were even worse visitors to put up with. The Miss Steeles arrived to keep company of Lady Middleton, and Elinor was sure she would hear from them very soon. She was not mistaken. They visited Berkeley Street the very next day with 'such incredibly good news' that Marianne did not even want to stay in the room to hear it.

It turned out, to Elinor's horror, that the Dashwoods were giving dinner to which everybody was invited, including them and Mrs Jennings, Colonel Brandon, the Middletons and the Miss Steeles as Lady Middleton's visitors. To top it all, the guest of honour of the party was to be Mrs Fanny Dashwood's mother, Mrs Ferrars. Fortunately for Elinor, Lucy was sure that Edward, who had just arrived in London, would not come to the dinner. He did not want to be seen in the same room as Lucy as he could then not hide his love for her! And so, poor Lucy would have to 'face her future mother-in-law on her own!'

Niebawem Dashwoodowie poznali także Middletonów. Lady Middleton była zachwycona Fanny Dashwood, a pani Fanny Dashwood uznała lady Middleton za „najbardziej czarującą kobietę w całym mieście!" Nie wzbudziło to zdziwienia ani Elinor, ani Marianne.

Trzeba było jednak znosić jeszcze gorszych gości. Przyjechały panny Steele, by dotrzymać towarzystwa lady Middleton, a Elinor była pewna, że niebawem będzie mieć od nich wiadomość. Nie myliła się. Odwiedziły Berkeley Street już następnego dnia z „tak niesłychanie dobrą wieścią", że Marianne nawet nie chciała zostać w pokoju, by jej wysłuchać.

Okazało się, ku przerażeniu Elinor, że Dashwoodowie wydają przyjęcie, na które wszyscy są zaproszeni, włącznie z nimi i panią Jennings, pułkownikiem Brandonem, Middletonami oraz z pannami Steele jako gośćmi lady Middleton. Na dodatek gościem honorowym przyjęcia miała być matka pani Fanny Dashwood, pani Ferrars. Na szczęście dla Elinor Lucy była pewna, że Edward, który dopiero co przyjechał do Londynu, nie przyjdzie na przyjęcie. Nie chciał być widziany w tym samym pokoju co Lucy, gdyż wówczas nie potrafiłby ukryć swej miłości do niej! Tak więc biedna Lucy będzie musiała samotnie „stawić czoło swej przyszłej teściowej!"

VI. EVEN MORE SHOCKING DISCOVERIES

The day after the dinner, Lucy Steele went to see her dear Miss Dashwood to discuss the details of it. She hoped to see Elinor greatly jealous of her success, as she had been clearly the favourite with both Mrs Fanny Dashwood and Mrs Ferrars throughout the evening.

'Oh, Miss Dashwood,' she started. 'I can see that all my fears were unnecessary. Mrs Ferrars was all kindness to me, was she not?'

VI. JESZCZE BARDZIEJ SZOKUJĄCE ODKRYCIA

D zień po przyjęciu Lucy Steele poszła odwiedzić drogą pannę Dashwood, by omówić jego szczegóły. Miała nadzieję zobaczyć, że Elinor bardzo będzie zazdrościć jej sukcesu, jako że przez cały wieczór wyraźnie cieszyła się względami zarówno pani Fanny Dashwood, jak i pani Ferrars.

– Och, panno Dashwood – zaczęła. – Widzę, że wszystkie moje obawy były niepotrzebne. Pani Ferrars była dla mnie uosobieniem życzliwości, prawda?

Elinor nodded her head politely but did not mention that Mrs Ferrars was kind to Lucy only because she knew nothing about Lucy's engagement to Edward. In fact, though neither of the ladies knew it, Mrs Ferrars had been long informed by her daughter that it was Elinor who had once tried to catch Edward. Throughout the dinner therefore, Mrs Ferrars favoured Lucy especially to show how much she disliked Elinor.

'And Mrs Dashwood as well!' exclaimed Lucy. 'I wonder that you have never mentioned what a sweet-tempered person she was!'

Elinor had no reply to this, so Lucy continued triumphantly: 'She must have really liked me from the start! To invite me and Anne to stay at her house as her guests for the whole of the next week! And only after a day's acquaintance!'

And so Lucy was very sorry but really had to leave her dear Miss Dashwood because she would soon be so busy moving her things to Mrs Fanny Dashwood's place in Harley Street. That did surprise Elinor greatly. She could not explain to herself why Fanny should show such favour to a girl she had only just met.

The truth was, though again neither of the ladies could have guessed it, that the invitation to the Miss Steeles resulted from a conversation between Mrs Dashwood and her husband. Mr Dashwood suggested to his wife during the dinner that perhaps they should invite his sisters to stay with them at their house for some time while they were in London.

Elinor uprzejmie skinęła głową, lecz nie wspomniała, że pani Ferrars była miła dla Lucy tylko dlatego, że nic nie wiedziała o jej zaręczynach z Edwardem. W istocie, chociaż żadna z dziewcząt tego nie wiedziała, pani Ferrars dawno została poinformowana przez córkę, że to Elinor niegdyś próbowała złapać w sidła Edwarda. Toteż podczas przyjęcia pani Ferrars szczególnie faworyzowała Lucy, by pokazać, jak bardzo nie lubi Elinor.

– I pani Dashwood także! – wykrzyknęła Lucy. – Dziwię się, że pani nigdy nie wspomniała, o jak miłym usposobieniu jest to osoba!

Elinor nic na to nie odpowiedziała, więc Lucy ciągnęła triumfująco:

– Naprawdę musiała mnie od razu polubić! Zaprosić mnie i Anne, bym gościła u niej w domu przez cały przyszły tydzień! I tylko po dniu znajomości!

Toteż Lucy było przykro, ale naprawdę musi opuścić drogą pannę Dashwood, ponieważ niebawem będzie bardzo zajęta, przenosząc swoje rzeczy do domu pani Fanny Dashwood przy Harley Street. Wielce zdziwiło to Elinor. Nie potrafiła sobie wyjaśnić, dlaczego Fanny miała okazać taką przychylność dziewczynie, którą dopiero co poznała.

Prawdą było, chociaż znowu żadna z pań nie mogła tego odgadnąć, że zaproszenie dla panien Steele było wynikiem rozmowy pomiędzy panią Dashwood a jej mężem. Podczas przyjęcia pan Dashwood zasugerował żonie, że może powinni zaprosić na pewien czas do siebie jego siostry, gdy te przebywają w Londynie.

Mrs Dashwood was shocked. She panicked for a few seconds looking for a suitable reply, and then found it. She said that she had just decided to invite the Miss Steeles to stay with them. They were such a nice kind of girls, and would probably not be in London the next year. The Miss Dashwoods they could always invite some other time. Mr Dashwood immediately saw the necessity of inviting the Miss Steeles, and congratulated his wife on such a good idea.

The triumph of Lucy was almost complete. During the course of the next week, Elinor heard from Mrs Jennings, who knew all the gossip in town, that Mrs Fanny

Pani Dashwood była zaszokowana. Na kilka sekund wpadła w panikę, szukając stosownej odpowiedzi, po czym ją znalazła. Powiedziała, że właśnie co postanowiła zaprosić panny Steele, by zatrzymały się u nich. Były tak miłymi dziewczętami, a prawdopodobnie nie będę gościć w Londynie w przyszłym roku. Zawsze można będzie w każdym innym czasie zaprosić panny Dashwood. Pan Dashwood natychmiast dojrzał konieczność zaproszenia panien Steele i pogratulował żonie tak dobrego pomysłu.

Sukces Lucy był niemal całkowity. W ciągu następnego tygodnia Elinor usłyszała od pani Jennings, która znała wszystkie plotki w mieście, że pani Fanny

Dashwood was so delighted with the Miss Steeles that she knew not how she would ever go on without them. One morning, however, changed it all.

Mrs Jennings came back from her morning shopping with eyes so full of gossip that Elinor knew something very interesting must have happened.

'Lord, my dear Miss Dashwood! Have you heard the news! Mr Edward Ferrars has been these four years engaged to my cousin, Lucy Steele! This was kept a great secret for fear of Mrs Ferrars and neither your brother nor your sister-in-law have known anything about it until this morning! Poor Anne Steele popped it all out! "Lord!" she thinks to herself. "They're all so fond of Lucy! Surely they'll make no difficulty about it!" So off she went to tell your sister about the whole matter! Lord, what a blow on her it was! She fell into such hysterics! And I must say this, Miss Dashwood, what she did was not polite. She said that Lucy and Anne could not stay a minute longer in her house! Your brother had to go on his knees to beg her to let them stay till they had packed up their clothes!

'And I must say, Miss Dashwood,' continued Mrs Jennings. 'I have no patience with your sister-in-law! What is this big deal about money and greatness? I am sure Mrs Ferrars could, if she wanted, give them money enough for a cottage like yours and they would want nothing! And I would help them, too, with whatever I could!'

Elinor was not at all surprised at her sister's-in-law behaviour. And she felt less sorry for Lucy than Mrs Jennings did.

Dashwood jest tak zachwycona pannami Steele, że nie wie, jak kiedykolwiek zdoła obejść się bez nich. Jednakże pewien poranek wszystko odmienił.

Pani Jennings wróciła ze swoich porannych zakupów tak pełna plotek, że Elinor wiedziała, iż coś bardzo ciekawego musiało się wydarzyć.

– Mój Boże, panno Dashwood! Słyszała pani wieści? Pan Edward Ferrars od czterech lat jest zaręczony z moją kuzynką, Lucy Steele! Trzymano to w wielkiej tajemnicy ze strachu przed panią Ferrars i ani pani brat, ani szwagierka nic o tym nie wiedzieli do dzisiejszego poranka! Biedna Anne Steele wszystko wychlapała! „Boże!", myśli sobie, „oni tak bardzo lubią Lucy! Z pewnością nie będą czynić żadnych trudności w tym względzie!" Więc powiedziała pani szwagierce o całej sprawie! Boże, jaki to był dla niej cios! Wpadła w taką histerię! I muszę to powiedzieć, panno Dashwood, to, co zrobiła, nie było uprzejme. Powiedziała, że Lucy i Anne nie mogą zostać ani chwili dłużej w jej domu! Pani brat musiał paść na kolana, by błagać ją, żeby pozwoliła im zostać, dopóki nie spakują swoich ubrań! I muszę powiedzieć, panno Dashwood – ciągnęła pani Jennings – nie mam cierpliwości do pani szwagierki! Też mi wielka sprawa, pieniądze i wspaniałość! Jestem pewna, że pani Ferrars mogłaby, gdyby chciała, dać im dość pieniędzy na taki domek jak wasz i niczego by im nie brakowało! A ja także bym im pomogła, jak tylko bym mogła!

Elinor wcale nie zdziwiło zachowanie szwagierki. I mniej było jej żal Lucy niż pani Jennings.

What she was most interested in was what Edward would do now, but this information Mrs Jennings could not give her. It was soon given by Mr John Dashwood, who came to visit them in the afternoon to talk about the shocking affair and demand their compassion for poor Fanny's nerves.

'And Mrs Ferarrs's too!' he added. 'It cannot be described what she suffered on hearing the news! She sent for Edward immediately and tried to persuade him to give up the engagement! And the power of her arguments! If he married the lady, Mrs Ferrars would not give him a penny! She would give all his money to Robert, his younger brother! I know not what could be worse for a man than seeing his fortune in his younger brother's hands! What is more, Mrs Ferrars would never see Edward again but she would make sure he did not do well in any profession!'

'Good God!' exclaimed Marianne.

'I can see what you mean, my dear sister,' continued John. 'Mrs Ferrars is indeed one of the best mothers in the world and only has her sons' interest in mind! But Edward was so stubborn! He would not give up his engagement whatever its costs!'

'Then,' exclaimed Mrs Jennings. 'He has acted like an honest man!'

John Dashwood, very shocked to hear such words, soon left. The three ladies remained of the same opinion as to the behaviour of Edward and his family. They felt sorry for Edward, and knew not how his situation could possibly be improved. But the help

Najbardziej ciekawiło ją to, co Edward teraz zrobi, lecz tej informacji pani Jennings nie mogła jej udzielić. Wkrótce udzielił jej pan Dashwood, który przyszedł ich odwiedzić po południu, by porozmawiać o szokującej sprawie i domagać się ich współczucia dla nerwów biednej Fanny.

– I dla pani Ferrars także! – dodał. – Nie sposób opisać, jak ucierpiała, słysząc tę wiadomość! Natychmiast posłała po Edwarda i starała się nakłonić go do zerwania zaręczyn! I siła jej argumentów! Jeśli poślubi tę panią, pani Ferrars nie da mu ani pensa! Wszystkie pieniądze da Robertowi, jego młodszemu bratu! Nie wiem, czy jest coś gorszego dla mężczyzny, jak ujrzeć swój majątek w rękach młodszego brata! Co więcej, pani Ferrars nigdy więcej nie zobaczy się z Edwardem, lecz dołoży starań, by nie odniósł sukcesu w żadnym zawodzie!

– Dobry Boże! – wykrzyknęła Marianne.

– Widzę, co masz na myśli moja drogo siostro – ciągnął John. – Pani Ferrars jest w istocie jedną z najlepszych matek na świecie i chodzi jej tylko o dobro synów! Lecz Edward był tak uparty! Nie chciał zerwać zaręczyn bez względu na koszty!

– Zatem – wykrzyknęła pani Jennings – zachował się jak uczciwy mężczyzna.

John Dashwood, bardzo zszokowany tymi słowami, zaraz wyszedł. Trzy panie nadal podtrzymywały to samo zdanie odnośnie zachowania Edwarda i jego rodziny. Żal im było Edwarda i nie wiedziały, jak jego sytuacja może ewentualnie ulec poprawie. Jednak pomoc

came much sooner than anyone could have expected, and from a most unlikely person.

The next morning brought Colonel Brandon to
Berkeley Street. He came on purpose to talk about a
very important matter to Miss Dashwood.

'I understand,' he started, 'Mr Ferrars to be your
good friend.'

Elinor nodded her head.

'I have heard about the cruelty of his family. I know
myself the unhappiness of being divided from the
person one loves, and I have come to help Mr Ferrars as best I can.'

Elinor looked at him in the greatest surprise and
listened again.

'I understand Mr Ferrars would like to become a
clergyman, is that right?'

Elinor nodded her head again.

'Well, the clergyman of my estate has just left it, and
so it is free for Mr Ferrars to take it whenever he
likes. It is not a great fortune, about two hundred
pounds a year, but it could be a start for the young
couple. Miss Dashwood, would you be so kind as to
inform Mr Ferrars about it?'

Elinor nodded her head again and thanked him
with all her heart for this kindness towards Edward.

nadeszła szybciej, niż ktokolwiek mógł się spodziewać, i to ze strony najmniej oczekiwanej osoby.

Następny ranek sprowadził pułkownika Brandona na Berkeley Street. Przyszedł w celu porozmawiania w bardzo ważnej sprawie z panną Dashwood.

– Rozumiem – zaczął – że pan Ferrars jest pani dobrym przyjacielem.

Elinor skinęła głową.

– Słyszałem o okrucieństwie jego rodziny. Sam znam nieszczęście, jakim jest rozłąka z osobą, którą się kocha, i przyszedłem, by pomóc panu Ferrarsowi najlepiej, jak potrafię.

Elinor spojrzała na niego z ogromnym zdziwieniem i ponownie zaczęła słuchać.

– Rozumiem, że pan Ferrars chciałby zostać duchownym, czyż nie?

Elinor ponownie skinęła głową.

– Cóż, duchowny z mojej posiadłości właśnie ją opuścił, zatem pan Ferrars może swobodnie objąć to stanowisko, kiedy tylko zechce. To niewielki majątek, około dwustu funtów rocznie, lecz mogłoby to być początkiem dla młodej pary. Panno Dashwood, zechciałaby pani poinformować o tym pana Ferrarsa?

Elinor ponownie skinęła głową i podziękowała mu z całego serca za życzliwość w stosunku do Edwarda.

VII. EXPLANATIONS

Elinor was about to start her letter to Edward, when Edward came into the room.

'I have come to say good-bye,' he started, and it seemed the words were painful to him. 'I am afraid we may not meet very soon.'

'And I have great news to tell you,' said Elinor, and then went on to tell to him about the kind

VII. WYJAŚNIENIA

Elinor miała zacząć list do Edwarda, kiedy on sam wszedł do pokoju.

– Przyszedłem się pożegnać – rzekł na początek i wydawało się, że te słowa sprawiają mu ból. – Obawiam się, że możemy nie spotkać się rychło.

– A ja mam panu do przekazania wspaniałą wiadomość – rzekła Elinor, po czym powiedziała mu o uprzejmej

offer of Colonel Brandon. Edward's eyes grew bigger and bigger in surprise.

'Colonel Brandon... offers me all this! How did you manage to persuade him to do it?'

'I did no such thing!' protested Elinor. 'You owe it all to your gentleman-like behaviour, Edward.'

'Oh, I have no doubt I owe it to you, to your goodness!' Edward's eyes explained more than his words. They told Elinor he loved her as much as he had always done, and that the situation he was now in was as difficult for him as it was for her. But no more words passed between them, and Edward left soon afterwards.

The Miss Dashwoods had stayed in London for two months now, and to Marianne's great happiness, they were starting on their journey home that day. It was going to take them about two weeks or so, as they were staying at Mrs Jennings's other house, at Cleveland, for Easter. Colonel Brandon was keeping them company.

While at Cleveland, Marianne hardly stayed indoors. She had missed the country air and beauty so much while in London that now she spent nearly all her time walking and admiring the views. But as she was still weak, hardly slept and ate next to nothing, the long and tiring walks in wet boots soon resulted in a heavy cold, which grew more serious every day.

At first, Elinor saw nothing to worry about. But one night, when Marianne's temperature was really high, even

ofercie pułkownika Brandona. Oczy Edwarda stawały się coraz większe ze zdziwienia.

– Pułkownik Brandon... proponuje mi to wszystko! Jak zdołała pani nakłonić go do tego?

– Nic takiego nie zrobiłam! – zaprotestowała Elinor.

– Wszystko to zawdzięcza pan swojemu dżentelmeńskiemu zachowaniu, Edwardzie.

– Och, nie mam wątpliwości, że zawdzięczam to pani, pani dobroci! – Oczy Edwarda wyjaśniały więcej niż jego słowa. Powiedziały Elinor, że kocha ją tak bardzo jak zawsze i że sytuacja, w której się teraz znajduje, jest dla niego równie trudna jak dla niej. Jednak nie padło między nimi więcej słów i wkrótce potem Edward wyszedł.

Panny Dashwood przebywały już w Londynie przez dwa miesiące i ku wielkiemu szczęściu Marianne wyruszały w podróż do domu tego samego dnia. Miała im zająć jakieś dwa tygodnie, gdyż zatrzymywały się na Wielkanoc w innym domu pani Jennings, w Cleveland. Pułkownik Brandon dotrzymywał im towarzystwa.

Podczas pobytu w Cleveland Marianne prawie nie przebywała w domu. Tak bardzo brakowało jej wiejskiego powietrza i piękna, kiedy była w Londynie, że teraz spędzała niemal cały czas, spacerując i podziwiając widoki. Ponieważ jednak nadal była słaba, mało co spała i prawie nic nie jadła, długie i męczące spacery w mokrych butach niebawem wywołały ciężkie przeziębienie, które z każdym dniem stawało się poważniejsze.

Początkowo Elinor nie widziała powodów do zmartwień, jednak pewnej nocy, kiedy Marianne miała naprawdę wysoką temperaturę, nawet

she got frightened. The doctor was sent for, came, looked serious, left some medicines and said he would be back in the morning. But Marianne was not getting any better. She trembled, was white as a sheet, and kept calling her mother in a terrible voice. Mrs Jennings was convinced the poor girl was dying. Elinor did not let herself think such thoughts, but decided to send a messenger to her mother to join them in Cleveland immediately. Colonel Brandon volunteered to be the messenger, and though it was in the middle of the night, he got on his horse and galloped to Barton Cottage.

ona się przestraszyła. Posłano po lekarza, ten przyszedł, miał poważną minę, zostawił jakieś lekarstwa i powiedział, że wróci rano. Jednak stan Marianne nie ulegał poprawie. Miała dreszcze, była biała jak prześcieradło i cały czas strasznym głosem wzywała matkę. Pani Jennings była przekonana, że biedna dziewczyna umiera. Elinor nie pozwoliła sobie na takie myśli, lecz postanowiła wysłać posłańca do matki, by natychmiast przyjechała do Cleveland. Pułkownik Brandon zaofiarował się, że będzie posłańcem, i chociaż był środek nocy, wsiadł na konia i pogalopował do Barton Cottage.

It was then that Elinor saw for the first time that Mrs Jennings's first jokes about him being in love with Marianne had a grain of truth in them. His love must have grown during the time he had spent with them in London, and what Elinor saw in his eyes now was the fear of losing a loved person again. First Eliza, now Marianne.

The two sisters struggled through the night. Elinor fought for Marianne's every breath, and waited for her every heartbeat. At last, at about four o'clock in the morning, Marianne grew calmer and fell asleep. Her breath was more regular, her heart seemed to be going back to its normal rhythm. Elinor could not have been happier. She only waited for her mother to arrive so that she could tell her the good news. And then she heard horses outside. She ran downstairs and saw ... Willoughby.

'How is she?' he cried.

'Better,' replied Elinor. 'Could you please leave this house now?'

'Miss Dashwood, for a minute, please let me stay, I need to talk to you! I need to, if I can, make you hate me a little less. Please let me explain...'

'Well, sir, be quick then.'

'I am married now, and very rich, but not happy, Miss Dashwood. I had not known what love was till I realised I had lost your sister! Oh, what a scoundrel I was when you first met me! I admired Marianne's pretty face in Devonshire but never thought

To wtedy Elinor po raz pierwszy zobaczyła, że w początkowych żartach pani Jennings na temat tego, iż jest on zakochany w Marianne, może być ziarno prawdy. Jego miłość musiała rozwinąć się w czasie, jaki spędził z nimi w Londynie, i teraz Elinor widziała w jego oczach strach przed ponowną utratą ukochanej osoby. Najpierw Eliza, teraz Marianne.

Obie siostry z trudem przetrwały noc. Elinor walczyła o każdy oddech Marianne i czekała na każde uderzenie jej serca. W końcu, około czwartej nad ranem, Marianne się uspokoiła i zasnęła. Jej oddech był bardziej regularny, jej serce jakby znowu wróciło do normalnego rytmu. Elinor nie mogła być szczęśliwsza. Czekała tylko na przyjazd matki, by móc jej przekazać dobrą wiadomość. I wówczas usłyszała na zewnątrz konie. Zbiegła na dół i zobaczyła... Willoughby'ego.

– Jak ona się ma? – wykrzyknął.

– Lepiej – odparła Elinor. – Czy zechce pan teraz opuścić ten dom?

– Panno Dashwood, na chwilę, proszę, niech mi pani pozwoli zostać, muszą z panią pomówić! Muszę, jeśli mogę, sprawić, że będzie mnie pani mniej nienawidzić. Proszę pozwolić mi wyjaśnić pani...

– Cóż, niech zatem szybko pan to uczyni.

– Jestem teraz żonaty i bardzo bogaty, lecz nie jestem szczęśliwy, panno Dashwood. Nie wiedziałem, czym jest miłość, dopóki nie zdałem sobie sprawy z tego, że utraciłem pani siostrę! Och, jakim byłem łajdakiem, kiedy mnie panie poznały! Podziwiałem w Devonshire ładną buzię Marianne, lecz nigdy nie myślałem

of marrying her. I was poor and she was poor - that was not a match for me! Sure, I would one day get Allenham, but when? I could not count on that! Oh, what a cold-hearted character I was! But during the months we spent together, I grew so fond of your sister that I decided to marry her despite all this. We would have to wait till we get Allenham, I thought to myself. The day when I left you, I was going to ask for Marianne's hand, but something happened which stopped me. Mrs Smith learnt about my affair with Colonel Brandon's relation, Eliza Williams. I need not explain it further, I am sure you know the details of it.

'Yes,' replied Elinor. 'And I do not know how you can possibly explain your behaviour to her! You left her knowing fully well she had no means of contacting you, no address, nothing.'

'I did not know it!' explained Willoughby, and stood up from his seat. 'Remember who you heard the story from. Because I was a scoundrel, must she be a saint?'

He started to walk about the room trying to calm down.

'But anyway,' he continued after a while. 'Mrs Smith was really angry with me then. She said she would not leave Allenham or any money to me unless I married Eliza! This could not be! I had to leave, go to London and marry someone with a fortune. I had known Miss Grey, my present wife, before. I knew she would be ready to marry me.

o poślubieniu jej. Byłem biedny i ona była biedna – to nie była partia dla mnie! Oczywiście, pewnego dnia dostanę Allenham, ale kiedy? Nie mogłem na to liczyć! Och, jakimż osobnikiem o zimnym sercu byłem! Lecz podczas miesięcy, jakie spędziliśmy razem, tak pokochałem pani siostrę, że postanowiłem poślubić ją mimo wszystko. Pomyślałem sobie, że będziemy musieli poczekać, aż dostaniemy Allenham. W dniu, w którym wyjechałem, zamierzałem poprosić Marianne o rękę, lecz wydarzyło się coś, co mnie powstrzymało. Pani Smith dowiedziała się o moim romansie z krewną pułkownika Brandona, Elizą Williams. Nie muszę dalej wyjaśniać, jestem pewny, że zna pani szczegóły.

– Tak – odparła Elinor. – I nie wiem, jak mógłby pan wyjaśnić swe zachowanie w stosunku do niej! Zostawił ją pan, doskonale wiedząc, że nie ma możliwości skontaktowania się z panem, żadnego adresu, niczego.

– Nie wiedziałem tego! – wyjaśnił Willoughby i wstał z krzesła. – Niech pani pamięta, od kogo usłyszała tę historię. Ponieważ ja byłem łajdakiem, to czy ona musiała być świętą?

Zaczął chodzić po pokoju, próbując się uspokoić.

– Tak czy owak – powiedział po chwili – pani Smith była wtedy naprawdę zła na mnie. Powiedziała, że nie zostawi mi Allenham ani żadnych pieniędzy, dopóki nie ożenię się z Elizą. To nie mogło się stać! Musiałem wyjechać, udać się do Londynu i ożenić z kimś z majątkiem. Znałem wcześniej pannę Grey, moją obecną żonę. Wiedziałem, że jest gotowa wyjść za mnie.

And that is what happened.'

'And your letter, Mr Willoughby?' asked Elinor. 'How could you have written such a letter?'

'Ha! You liked my wife's style of writing then.'

'Your wife's!' Elinor exclaimed. 'The letter was in your hand writing.'

'Yes, but I only copied the sentences, which my wife so charmingly put together. She had found Marianne's letters to me, and got jealous. The letter was her revenge.'

He stopped, looked Elinor in the eyes, and said with pain ringing in his voice:

'Will you tell it to your sister?'

Elinor nodded her head, and Willoughby kissed her hand and left the house without another word.

There was no end to Mrs Dashwood's joy at finding both her daughters in much better health than she expected.

'Elinor, did you know,' she asked her when they were alone. 'that Colonel Brandon loves Marianne? He told me so himself when we were coming here. I hope she'll love him too, as I think he would be so much better for her than Willoughby! There was something about that man which I never liked, do you remember?'

Elinor did not remember, but that was not important at the time. They were together again, and would be soon going home.

I to się właśnie stało.

– A pański list, pani Willoughby? – zapytała Elinor.

– Jak mógł pan napisać taki list?

– Ha! Więc podobał się styl mojej żony.

– Pańskiej żony! – wykrzyknęła Elinor. – List był napisany pańskim pismem.

– Tak, lecz ja jedynie przepisałem zdania, które moja żona w tak czarujący sposób ułożyła. Znalazła listy Marianne do mnie i poczuła się zazdrosna. List był jej zemstą.

Przerwał, spojrzał Elinor w oczy i powiedział z bólem pobrzmiewającym w głosie:

– Czy powie to pani swojej siostrze?

Elinor skinęła głową, a Willoughby ucałował jej dłoń i opuścił dom bez żadnego dalszego słowa.

Nie było końca radości pani Dashwood, kiedy zastała obie córki w znacznie lepszym zdrowiu, niż się spodziewała.

– Elinor, czy wiedziałaś – zapytała ją, gdy były same – że pułkownik Brandon kocha Marianne? Sam mi to powiedział, kiedy jechaliśmy tutaj. Mam nadzieję, że ona również go pokocha, gdyż sądzę, iż on będzie o wiele lepszym mężem dla niej niż Willoughby! Było coś w tym mężczyźnie, co nigdy mi się nie podobało, pamiętasz?

Elinor nie pamiętała, lecz to teraz nie było ważne. Znowu były razem i wkrótce pojadą do domu.

AFTERWARD

The Miss Dashwoods and their mother were sitting down to their dinner on a warm April afternoon, when their servant came in with the news.

'I have just met Mrs Ferrars as she was passing in her carriage. She sends her regards.'

As he saw the ladies' changed faces, he added:

'It was Miss Lucy Steele before, Madam. She is married to Mr Ferrars now.'

POTEM

Panny Dashwood i ich matka zasiadały do obiadu w ciepłe kwietniowe popołudnie, kiedy wszedł ich służący z wiadomością.

– Właśnie spotkałem panią Ferrars, kiedy przejeżdżała w swoim powozie. Przesyła ukłony.

A widząc zmienione miny pań, dodał:

– To przedtem była panna Lucy Steele, proszę pani. Teraz jest żoną pana Ferrarsa.

'Yes,' said Mrs Dashwood, observing how white the faces of her two elder daughters were. 'Thank you, Thomas.'

Elinor now learned the difference between expecting a painful event and experiencing it. For the first time in her life she felt she would not be able to stay calm a minute longer. And then ... she was forced to do so because Edward Ferrars's figure appeared outside the house.

He came in, was welcomed, and asked a few questions about the weather and the roads. Then there was a long silence, interrupted heroically by Elinor, who asked:

'And how is Mrs Ferrars? Is she waiting for you in the carriage?'

'My mother?' said Edward with some surprise. 'I believe she is in London.'

'I meant Mrs Edward Ferrars ...'

'Perhaps ... you meant Mrs Robert Ferrars.' Edward said slowly.

'Mrs Robert Ferrars?!' repeated the ladies.

It turned out that after it became clear that Mrs Ferrars would not change her mind and indeed pass all Edward's money onto Robert, Lucy suddenly moved her affection to him, too. Two weeks after the Miss Dashwoods had left London, she wrote a letter to Edward, explaining that she was going to marry his younger brother, with whom she was greatly in love.

Edward's engagement to Lucy was formed when Edward was very young and could not yet judge people better. But later, when he realised his mistake, it was too late, as Lucy seemed to be so much in love with him

– Tak – odparła pani Dashwood, widząc, jak pobladły twarze jej dwóch starszych córek. – Dziękuję, Thomasie.

Elinor poznała teraz różnicę między spodziewaniem się bolesnego wydarzenia, a doświadczeniem go. Po raz pierwszy w życiu poczuła, że nie potrafi zachować spokoju ani chwili dłużej. A wówczas... musiała to uczynić, gdyż postać Edwarda Ferrarsa pojawiła się przed domem.

Wszedł, został mile powitany, zadano mu kilka pytań o pogodę i drogi. Potem zapadła długa cisza, przerwana bohatersko przez Elinor, która zapytała:

– A jak się ma pani Ferrars? Czy czeka na pana w powozie?

– Moja matka? – zapytał Edward lekko zdziwiony. – Sadzę, że przebywa w Londynie.

– Mam na myśli panią Edwardową Ferrars...

– Może... chodzi pani o panią Robertową Ferrars? – zapytał Edward powoli.

– Panią Robertową Ferrars? – powtórzyły panie.

Okazało się, że po tym, jak stało się jasne, iż pani Ferrars nie zmieni zdania i rzeczywiście przekaże wszystkie pieniądze Edwarda Robertowi, Lucy nagle także przelała na niego swe uczucia. Dwa tygodnie po wyjeździe panien Dashwood z Londynu, napisała do Edwarda list, wyjaśniając mu, że zamierza poślubić jego młodszego brata, w którym jest ogromnie zakochana.

Edward zaręczył się z Lucy, kiedy był bardzo młody i jeszcze nie potrafił lepiej oceniać ludzi. Jednak później, kiedy zdał sobie sprawę z pomyłki, było za późno, gdyż Lucy sprawiała wrażenie tak bardzo w nim zakochanej,

that he felt he could not break his word to her. He had never realised that she had been after his money all the time.

At any rate, Edward was now free and came to Barton to ask for Elinor's hand, which was what he had long wanted to do. It can be easily guessed what her reply was.

Elinor and Edward lived very happily in their small house next to Colonel Brandon's residence. It was not far from Barton Cottage either. Their happiness increased even more, when after two years, Marianne moved to live with the Colonel as his wife. Neither Elinor nor her mother had ever dared to suggest this marriage to her. Marianne simply started to gradually find Colonel Brandon a very good companion. His tastes in books and music turned out to be exceptionally good. She valued all his other opinions more and more. In time she even forgave his flannel waistcoat. And as Marianne could never do anything by halves, she finally married the man whom she loved with all her heart.

że czuł, iż nie może złamać danego jej słowa. Nigdy nie zdawał sobie sprawy, że cały czas chodziło jej o jego pieniądze.

W każdym razie Edward był teraz wolny i przyjechał do Barton, by prosić Elinor o rękę, co pragnął uczynić od dawna. Łatwo zgadnąć, jaka była jej odpowiedź.

Elinor i Edward żyli bardzo szczęśliwie w swoim małym domku nieopodal rezydencji pułkownika Brandona. Nie było to także daleko od Barton Cottage. Ich szczęście stało się jeszcze większe, kiedy po dwóch latach Marianne wprowadziła się do pułkownika jako jego żona. Ani Elinor, ani jej matka nigdy nie ośmieliły się zasugerować jej tego małżeństwa. Marianne po prostu zaczęła stopniowo uważać pułkownika Brandona za dobrego towarzysza. Jego książkowy i muzyczny gust okazał się wyjątkowo dobry. Marianne coraz bardziej ceniła wszystkie jego opinie na temat innych spraw. Z czasem wybaczyła mu nawet flanelową kamizelkę. A jako że Marianne nigdy nie potrafiła robić niczego połowicznie, w końcu poślubiła mężczyznę, którego pokochała całym sercem.

CONTENTS

SPIS TREŚCI

Wszystkie tytuły z serii *Czytamy w oryginale:*

Moby Dick – Moby Dick

The Last of the Mohicans – Ostatni Mohikanin

Dracula – Drakula

Lord Jim – Lord Jim

Three Men in Boat – Trzech panów w łódce

Robinson Crusoe – Robinson Crusoe

The Secret Garden – Tajemniczy ogród

The Adventures of Tom Sawyer – Przygody Tomka Sawyera

The Adventures of Sherlock Holmes – Przygody Sherlocka Holmesa

Alice's Adventures in Wonderland – Alicja w krainie czarów

Treasure Island – Wyspa Skarbów

Gulliver's Travels – Podróże Guliwera

The Wonderful Wizard of Oz – Czarnoksiężnik z Krainy Oz

White Fang – Biały Kieł

Sense and Sensibility – Rozważna i romantyczna

Pollyanna – Pollyanna

Peter Pan – Piotruś Pan

A Christmas Carol – Opowieść wigilijna

Więcej informacji na www.44.pl